# АЛЕКСАНДР ВЕЛИКИЙ

Театральная пьеса в трех актах

Чтобы посмотреть театральную пьесу :
АЛЕКСАНДР ВЕЛИКИЙ

Пожалуйста, используйте QR-код.

**Доктор Султан бин Мухаммад аль-Касими**

# АЛЕКСАНДР ВЕЛИКИЙ

**Театральная пьеса в трех актах**

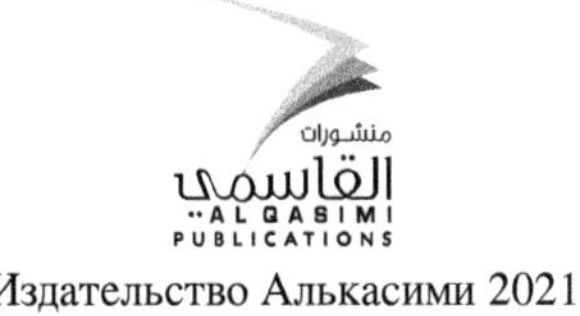


Издательство Алькасими 2021

АЛЕКСАНДР ВЕЛИКИЙ
Доктор Султан бин Мухаммад аль-Касими
Первое русское издание, 2021

Издательство аль-Касими
Шарджа, ОАЭ
-------------------------------------------------------------
Перевод: Доктор Асим Альхалифа
Редакция: Куряев Юсеф Гаязович
-------------------------------------------------------------
Разрешение на печать: Национальный Совет по СМИ, Абу Даби, ОАЭ
Номер: MC-03-01-0153425, Дата: 15-07-2021

Шарджа, ОАЭ
Возрастная классификация: E
Возрастная группа, совпадающей с содержанием
книги, квалифицированной с возрастной классификацией,
изданной Национальный Совет по СМИ
ISBN: 978-9948-469-11-7
-------------------------------------------------------------
Публикация Аль-Касими
п/я: 64009 Шарджа, ОАЭ
тел: +971 6 509 0000 факс: +971 6 552 00 70
ЭП: info@aqp.ae

# СОДЕРЖАНИЕ

# Введение

После моего прочтения наилучших произведений об Александре Великом мне удалось извлечь эту театральную пьесу в виде живой картины повсеместной борьбы сил как в древности, так и в настоящее время.

**Автор**

## Персонажи Театральной Пьесы

(по порядку их появления на сцене)

- Члены Совета Александра Великого
- Камергер
- Александр
- Один из членов Совета
- Военноначальники
- Советники
- Персидский полномочный представитель
- Парменион
- Послы и полномочный представитель Дариуса
- Начальник спецслужбы
- Аминтас
- Группа солдат и стражников
- Полимон Полидамас
- Два араба

- Один из арабов
- Один из военноначальников
- Батлимос Два солдата
- Бессус (персидский военноначальник)
- Мужчина (в арабской одежде) = Полидамас
- Двое мужчин (в арабской одежде)
- Клитус (один из военноначальников, старик) Военноначальник Фегиус
- Военноначальник Коенус
- Мужчина (один из солдат)
- Порус (Персидский принц)
- Меросс
- Главнокомандующий флота Нерхоз Группа моряков
- Водитель боевой колесницы Граждане (жители Ваилона)
- Группа послов Запада Командующие разведкой

# Первый Акт

## Первая Сцена

**Место:**
Гавгамелы, расположенный Юго-Восточнее Мосула. В этом месте потерпел поражение Дариус, взяты в плен его мать, жена и дети.

**Время:**
Октябрь 332 года до рождества Христова.

**Сцена:**
Большая палатка Александра Великого, где присутствуют члены Совета. Они сидят и переговариваются друг с другом.

*Камергер входит и говорит.*

**Камергер:**
Александр Великий явился.

*Члены Совета замолчали, встали в знак уважения к Александру Великому, который величественно входит. Он приветствует членов Совета и велит им садиться. Александр Великий усаживается во главе большого совещательного стола и стал рассматривать присутствующих на Совете.*

**Александр:**
Как дела у наших доблестных солдат?

**Члены Совета:**
Они в полной готовности для последующих сражений.

**Александр:**
К нам приехал представитель Дариуса, Короля Персии.

**Один из членов Совета:**
Другой представитель?! Он раньше посылал десять представителей и два предложения мира, а Вы, мой Повелитель, отвергали их.

**Александр:**
Послушаем его. Он родственник Короля Дариуса.

*Александр хлопком в ладоши вызывает камергера.*

**Александр:**
Вызовите персидского представителя. Александр обращается к военноначальникам.

**Александр:**
Нет мира с такими людьми... Вдруг их влияние дойдет до городов Сура и Саида, и там они будут строить корабли. Что они хотят от этого? Мы их разбили в тех портах и будем побеждать там же, и будем отслеживать их до границы с Индией.

**Камергер оглашает:**
Представитель Персии!

*Представитель Персии вошел одетый как принц. Он приветствует Александра Великого низким поклоном.*

***(Минутная пауза).***

*Александр Великий сказал персидскому представителю.*

**Александр:**
Скажите, что у вас?

**Персидский представитель:**
Король Дариус очень опечален смертью своей жены. Он просит Вас освободить старую мать и замужних дочек. За это он готов заплатить 180 млн. драхма, а старшую дочь он готов выдать замуж за Вас. Кроме того, он предлагает Вам мир и готов оставить все земли западнее Евфрата. Так-

же Король готов оставить Вам своего сына Окуса, как гарант мирного сосуществования.

**Александр:**
Еще что?

**Персидский представитель:**
Ничего, о Король! Александр говорит персидскому представителю.

**Александр:**
Теперь вы сможете выйти и подождать в гостиной палаты.

*Александр хлопнул в ладоши. Вошел камергер. Александр приказал камергеру проводить персидского представителя в гостиную палату. Александр говорит членам Совета.*

**Александр:**
Как вы думаете о том, что сказал персидский представитель?

*Молчание членов Совета. Между тем Александр прохаживается по палатке и ждет ответа. Члены Совета переглядываются друг на друга и ни один из них не смог высказать свою точку зрения. Члены Совета не знали мнение самого Александра Великого. Наконец военноначальник Парменион смог высказать свое мнение только после того, как сам Александр Великий прямо обратился к нему.*

**Александр:**
Парменион, что вы думаете?

*Парменион вышел вперед к Александру и сказал с гордостью.*

**Парменион:**
Я думаю, вы знаете мою точку зрения. Вы должны освободить пленников из Дамаска за выкуп. Этим самым вам удастся получить большую сумму денег. Так как для охраны этих пленников требуется много солдат. Теперь вы сможете получить 180 млн. драхма за эту старуху и двух девушек. Видите ли, присутствие этих женщин мешает войскам. Нам теперь можно создавать богатое королевство путем мирных переговоров, а не путем войн. Какая польза от оккупированных земель между Финикией и Евфратом? Эту громадную пустыню никто до вас не мог контролировать. Возвращаться в Македонию лучше, чем идти дальше в Индию.

*На лице Александра появились признаки гнева после разговора с Парменионом).*

**Александр:**
Да! Я бы предпочел деньги взамен военной славы будь на месте Пармениона. Но в действительности я Александр Великий, меня не волнуют деньги. Я уверен, что я Король, а не купец. У меня нет ничего для продажи. Я отказываюсь взваливать все мои славные победы на свою голову и кричать: «Победы для продажи!» Если я захочу освободить

кого-нибудь, то это я сделаю как милость к нему, не за деньги.

*Александр вызвал камергера хлопком в ладоши. Входит камергер и Александр приказывает ему.*

**Александр:**
Пусть персидский представитель войдет.

*В тот же миг в палатку вошел персидский представитель. Александр говорит персидскому представителю.*

**Александр:**
Передайте Дариусу, что у меня нет никакого желания иметь с ним мир. Оккупированные земли Дариуса в будущем будут трофеями нашей армии. А границы между нашими империями будут определены вскоре войнами.

**Персидский представитель:**
Поскольку Александр желает войну, то пусть он даст мне разрешение сообщить об этом Королю Дариусу, дабы предупредить внезапность и вероломство.

*Александр вызывает камергера хлопком в ладоши. Камергер входит. Александр приказывает.*

**Александр:**
Пусть этот персидский представитель уезжает и с ним пусть уедут все их послы, ранее мною плененные.

*Персидский представитель вышел вместе с камергером.*

**Александр:**
Говорит - вероломство! Предложение мира это и есть вероломство.

*Камергер входит и говорит.*

**Камергер:**
Мой Повелитель! Начальник спецслужбы ждет в приемной.

**Александр:**
Пусть войдет. Начальник спецслужбы вошел.

**Начальник спецслужбы:**
Мой Повелитель! Нам удалось узнать, что Дариус послал 3000 всадников во главе с Мазусом и они приближаются к нам.

**Александр:**
Разве я не говорил вам о вероломстве? Всем командующим направиться к своим войскам и приготовиться ко встрече с врагом.

**(Затемнение)**

## Вторая Сцена

**Место:**
Герат, расположенный по дороге в Кандагар. Сцена действия:

*Палатка Александра Великого. В этой палатке собралась группа из военноначальников и советников.*

*Александр вошел в палатку с гневным видом лица.*

**Александр:**
Заговор с целью моего убийства. От кого? От моих военноначальников?! От самых близких людей ко мне?!

*Александр вызывает Аминтаса.*

**Александр:**
Аминтас! Твой брат с заговорщиками!

*Аминтас стремительно подбежал к Александру, склонился ему к ногам и сказал.*

**Аминтас:**
Мой брат Полимон невиноват в этом заговоре. Прошу твоего прощения мой Повелитель! Прошу твоего прощения мой Повелитель!

*В этот момент в палатку входит группа солдат с обнаженными мечами волоча по земле закованного в цепи Полимона. Но, несмотря на это, Полимон не был испуган.*

**Александр:**
Полимон! Ты с ними?

**Полимон:**
Я не буду защищать себя. Я не убегу, если это причинит вред моему брату.

*Полимон показывает на своего брата Аминтаса, склонившегося перед Александром.*

**Полимон:**
Когда я увидел солдат, догнавших и убивших Филотоса, сына Пармениона, мне стало страшно, и я убежал. Но солдаты поймали меня и привели сюда.

*(Полимон горько заплакал и стал хлестать себя по лицу).*

**Аминтас:**
Глупец! От кого ты убегаешь, и к кому?

**Присутствующие лица:**
Простите его, наш Повелитель! Простите его, наш Повелитель! Простите его, наш Повелитель!

**Александр:**
О Аминтас! Я знаю твою искренность ко мне. Поэтому я прощаю, снимите с него оковы.

*Сразу же после освобождения от цепей Полимон бросается целовать ноги Александра, но император как то отстранился от этого и сказал.*

**Александр:**
Возьми своего брата и уходите отсюда. (Наступила пауза молчания)

**Александр:**
Пусть все уходят отсюда!

*(Пока люди покидали палатку, Александр вызывает)*

**Александр:**
Полидамас! Задержитесь!

*Полидамас остановился.*

*Александр остался с ним один на один, и стал говорить ему.*

**Александр:**
А ты знаешь кто стоит у истока этой смуты? Это твой ближайший друг, твой друг Парменион, ко-

торый задержался в Мидие (Хамазан) и отказался идти с нами в Индию. Этой мой и твой друг. А мы вдвоем будем его жертвами. Поэтому я прошу тебя убить его. Отправляйся в Мидию к Парминиону. Передай это письмо от меня правителю Мидии с просьбой помочь тебе организовать это убийство. И чтобы Парменион не сомневался в тебе. Вот письмо, которое я сам написал своими руками с личным штампом сына Пармениона Филотоса, который я оставил у себя после его убийства солдатами.

*Полидамас с дрожащей головой взял это письмо. Александр сказал.*

**Александр:**
Послушай! Это секрет между нами. Если этот секрет раскроется, или если ты станешь колебаться выполнить мое поручение, то не забудь, что у меня будет в плену твой брат пока не вернешься с хорошими новостями.

**Полидамас:**
Мой повелитель! Я полностью подчинен твоей воле.

*(Александр вызвал камергера хлопком в ладоши)*

**Александр:**
Приведите этих двух арабов.

*(Пауза молчания)*

*Вошли два араба, а один из них был с одеждой в руках.*

**Александр:**
Принесли ли вы арабскую одежду?

**Один из арабов:**
Да! Вот!

*Александр указывает арабу передать одежду Полидамасу. (Александр Полидамасу.)*

**Александр:**
Зайдите внутрь и смените свою одежду на арабскую.

*(Полидамас уходит)*

*(Молчание).*

*Александр говорит двум арабам.*

**Александр:**
Вы возьмите этого человека в Мидию и будьте осторожны, чтобы об этом никто не знал. А если секрет откроется, или вы скроетесь, то не забывайт , что ваши жены и дети будут у меня в плену пока не вернетесь с этим человеком целым и невредимым.

*(Молчание).*

**Александр:**
За сколько дней можно добраться до Мидии через пустыню?

**Один из арабов:**
10 дней.

*В этот момент Полидамас вышел в арабской одежде и показался перед Александром.*

**Александр:**
Идите, подготовьте своих верблюд. А этот человек последует за вами. Давайте!

*(Молчание.)*
*Александр говорит Полидамасу.*

**Александр:**
Ты должен все сделать очень быстро пока слухи о смерти сына Пармениона не дошли до него. Давайте, быстро! Принесите мне голову Пармениона.

*Полидамас выходит из палатки, а когда Александр хотел выйти с противоположного выхода, какой-то шум заставил его остановиться. Вдруг в палатку вбегает один из военноначальников и кричит: Дариус убит! Дариус убит! Дариус убит! Мой Повелитель! Убит в горах. Его убил военноначальник Бессус.*

**Александр:**
Свой же военноначальник убил его. А мы те, которые следим за Королем и за его главнокомандующим, заняты заговорами.

**Военноначальник:**
Теперь именно ваша армия преследует персид-

ского военноначальника Бессуса, исчезнувшего в горах.

**Александр:**
Обязательно надо поймать и привести его живым.

**(Затемнение)**

# Второй Акт

## Первая Сцена

**Место:**
Мараканда (Самарканд).

**Время:**
328 год до Рождества Христова.

**Сцена:**
Палатка Александра Великого.

*Группа военноначальников разговаривают между собой, входит Александр. Все командиры приветствуют его поклоном.*

**Александр:**
Бессус, этот персидский командующий объявил себя Королем Персии и дал себе прозвище «Бардшершах». И этот упрямец даже сумел напасть на нас. Сейчас наши войска преследуют и обязательно поймают его.

*Шум за палаткой. входит Батлимос с кнутом в руках. За ним вошли два солдата с голым телом Бессуса на руках. На шее Бессуса был закреплен деревянный хомут, с двух сторон которого были закреплены цепи, за которые держались солдаты.*

**Александр:**
О Батлимос! Что случилось с тобой?

*Батлимос показывает на персидского военноначальника.*

**Батлимос:**
Бессус – персидский военноначальник.

*Александр рассматривает со всех сторон персидского военноначальника и говорит.*

**Александр:**
Бессус! Наконец ты попался в мои руки. Почему ты убил Дариуса? Дариуса – Короля Персии, который искренне относился к тебе и много сделавшего для тебя. А ты убил его, объявив себя Королем?!

**Бессус:**
Не я убил его. Его убила группа моих сторонников.

**Александр:**
С твоим концом закончится персидское сопротивление, и мы будем спокойны.

**Бессус:**
Нет Король! Мой сторонник Спитоминис приближается к тебе спасти меня. Сопротивление началось повсюду.

**Александр:**
Убей его, Батлимос!

**Батлимос:**
Нет, мой Повелитель! Не здесь! Надо сначала отрезать ему нос, уши, потом его показать людям. Отвезти его в персидскую часть города и там его казнить..

**Александр:**
Вытащите его.

*(Батлимос кричит).*

**Батлимос:**
Давай! *(Бьет кнутом у ног Бессуса.)* Давай!

*(Один из военноначальников говорит Александру.)*

**Один из военноначальников:**
Мой Повелитель! Если слова Бессуса о начале сопротивления правильные, и если мы вчера потеряли в последней битве 2000 солдат, то у нас осталось всего 35 000 солдат, и мы далеко от Родины, и…

**Александр:**
Ничего, ничего! с Запада к нам прибывает большая армия.

*(Затишье)*

*Александр ходит по палатке, озадаченный началом восстания.*

*Входит араб в арабской одежде, уставший и с отрубленной человеческой головой в руках. За ним идут двое мужчин в арабской одежде.*

*Александр взглянул на вошедших людей.*

**Александр:**
Кто?! Полидамас?!

***Полидамас покачивает головой в знак согласия.***

**Александр:**
А что у тебя в руках?!

**Полидамас:**
Это голова Пармениона. По вашему приказу, Мой Повелитель!

*В этот момент Клитус, старик, один из военноначальников, друг Пармениона, кричит.*

**Клитус:**
Что это такое?! Что это такое?! Что это такое?!

*Военноначальники держат Клитуса. Один из них успокаивает его.*

**Один из военноначальников:**
Садись, Клитус! Садись!

*Александр взял яблоко с корзины с фруктами и бросил его на Клитуса.*

**Александр:**
Уберите его отсюда.

*Двое военноначальников уносят Клитуса из палатки и возвращаются на место.*

*Между тем Полидамас выходит вместе с двумя арабами с другой стороны палатки.*

*(Молчание)*

*Во время начала речи Александра к военноначальникам, его спина была обращена к выходу палатки. Тем временем Клитус наблюдает через вход палатки*

*за Александром и прислушивался к речи с явным волнением.*

**Александр:**
Парменион это главарь, подготовивший заговор , и который распространяет слух между солдатами о том, что только благодаря Пармениону были завоеваны победы. Даже, когда Парменион отстал от армии, а кто тогда завоевывал победы? Это я.. я, Александр Великий! Я сын Бога Аммона. Я не сын Короля Филиппа, даже победы Короля Филиппа - мои победы, а не македонцев.

*В этот момент в палатку ворвался Клитус и говорит.*

**Клитус:**
Ты называешь себя сыном Бога?! А говоришь ты всем этим маленьким военноначальникам одну

ложь?! А когда ты повернулся спиной к врагу, вся кровь и раны македонцев сделали тебя Великим. А теперь ты отказываешься от своего отца и считаешь себя сыном Бога Аммона?!

*(Александр в сильном гневе кричит в лицо Клитуса).*

**Александр:**
Ты отбросок общества?! Ты думаешь, я тебя оставлю так говорить обо мне?!

**Клитус:**
Я отбросок общества?! Ты неблагодарный?! Я тот, кто тебя обучил стрельбе. А моя сестра воспитала тебя с детства.

*Группа военноначальников отвела Клитуса подальше от Александра. Но Клитус, вырвавшись от военноначальников, вновь приблизился к Александру и продолжал издевательства над ним.*

**Клитус:**
Ты убил моего друга Пармениона после того, как он принес тебе победы, и двое из его сыновей были также убиты, защищая тебя! И еще ты убил третьего сына Пармениона в знак благодарности?!

*Александр ищет свой кинжал, оставленный на столе. Но один из охраны успел убрать этот кинжал, дабы предотвратить худшее. Клитус направился к выходу. Александр быстро схватил копье у одного из охраны, подбежал к Клитусу у входа и вонзил его в его грудь. Сраженный копьем Клитус попятился назад к шторам палатки, и застонав от боли, упал.*

*(Молчание).*

*Александр повернулся к военноначальникам без гнева на лице. Но, повернувшись к своей свите, он увидел их ошарашенные от страха лица. Александр был очень удивлен от их реакции.*

*(Молчание).*

*Затем Александр быстро подошел к упавшему Клитусу, вытащил окровавленное копье из его груди и вонзил его в свою шею. Все военноначальники подбежали к Александру, чтобы удержать его, а сам Александр переместился к краю палатки. Свита опять старалась удержать Александра, и они вытащили копье из шеи. Александр падает на землю от слабости.*

*(Александр заплакал.)*

**Александр:**
О Ланис! Моя няня! Я убил твоего брата. Твои сыновья были убиты, защищая меня. Как я неблагодарен тебе за твой труд в моем воспитании?! Я убил твоего брата своей рукой?! Ой! Ой! Я убийца. Я убийца. Я тот, кто убивает своих друзей. Я тот, кто убивает своих друзей. Я тот, кто убивает своих друзей.

*Между тем свита военноначальников выносит Александра за кулисы.*

**(Затемнение)**

## Вторая Сцена

**Место:**

Регион Пенджаба на границе с Индией.

**Сцена действия:**

На открытой местности стоят два военначальника.

*(Военноначальники Фегиус и Коенус).*

Коенус сидит на стволе дерева в раздумье.

На другой стороне сцены виден вход в палату Александра. По сцене прохаживается военноначальник Фегиус.

*(Коенус вызывает.)*

**Коенус:**

Военноначальник Фегиус! *(Фегиус поворачивается к нему).*

**Фегиус:**
Кто?! Военноначальник Коенус?! Коенус: Какие новости?

**Фегиус:**
Два дня пытаюсь убедить Александра не переправляться через реку для сражения с Порусом, индийским принцем. И сегодня он решил переправиться.

**Коенус:**
Зачем? Мы сейчас приблизились к концу границы персидского императорства. И на этом этапе заканчивается война.

**Фегиус:**
Александр говорит, что у него Божественные указания от Бога Аммона для покорения мира.

*(Александр выходит из палатки. Двое военноначальника приветствуют его).*

**Александр:**
Фегиус! Я попросил тебя узнать побольше информации об этом индийском принце Порусе. Ты узнал что-нибудь?

**Фегиус:**
Высказывания Поруса о силе племени были верны. Они действительно не преувеличены. Их принц не только из простого народа, а даже из низких слоев общества. Его отец был парикмахером, большой труженик. Благодаря своей красоте Порус был

приближен принцессой, затем он смог убить ее мужа-принца. Захватив всю полноту власти, Порус вначале женился на принцессе, далее уничтожил наследников бывшего принца.

**Александр:**
Я спрашиваю тебя о военной ситуации.

**Фегиус:**
Как вы видите, мой Повелитель, перед вами широкая река, запороженная большими валунами. После реки находится засушливая пустыня, которую можно пройти за 12 дней, чтобы добраться до Поруса. На пути к Порусу мы можем встретить 20000 всадников, 200000 пехотинцев, 2000 боевых колесниц. И самое страшное оружие у них это 3000 боевых слонов. Сам же принц Порус разбил военный лагерь за рекой.

**Коенус:**
Большая сила. Наряду с существующими препятствиями: река, валуны, пустыня. Наша сила будет состоять из местных и греческих войск. Наша армия будет состоять из 200 000 вооруженных солдат.

*(Молчание).*

*(Александр вызывает)*

**Александр:**
Коенус! Соберите мне наших солдат. Я хочу выступить перед ними с речью.

*(Коенус созывает солдат)*

**Коенус:**
Все солдаты соберитесь послушать своего Короля!

*(Солдаты собираются на одной стороне сцены).*

**Александр:**
Я узнал, что какие-то слухи взволновали вас. Это слухи идут от индийской стороны. Я думаю, что эти фальшивые и ложные слухи не смогут воздействовать на вас. Раньше вы воевали с малыми силами. Теперь вы впервые встретитесь с многочисленным мятежным племенем. Я прошу ваше храброе участие в этом бою как гарантию достижения нашей конечной цели. Вознаграждение будет больше, чем предстоящие опасности. А богатые земли, к которым мы устремляемся, будут вам принадлежать. Вы достойны обладать этими богатствами и дарами моря. К вам обращается не ваш Король, а Верховный Главнокомандующий, который привел вас к краю Света. Раньше все мои намерения осуществлялись по моему приказу, а сейчас я нахожусь в долгу перед вами, и в этот раз я буду просителем у вас. Раньше я делился с вами трудностями и защищал вас моим щитом.

*(Пауза молчания).*

**Александр:**
Почему такая тишина?! Где ваши восклицания, демонстрирующие ваше устремления?! Где ваш Ма-

кедонский дух?! О! Мужики! Вас не узнать! И вы меня не узнаете!!

*(Во время речи Александра все сохраняли гробовое молчание, склонив свои головы).*

**Александр:**
Может быть я ошибся по отношению к вам?! Дошли до такого состояния, что вы не хотите меня видеть?! Не так ли?! Никто мне не ответил?! Никто не говорит мне нет?! К кому я обращаюсь?! О чем я вас просил? Это ваша Слава! Это ваша высокая честь, за которую я борюсь. Где мужики, которые до вчерашнего дня все старались вынести своего раненного Короля?! Оставлю вас! Уйду от вас! Сдамся врагу, с которым вчера я воевал на поле боя с персидскими войсками. Они сегодня стали моими солдатами. Смерть лучше, чем быть вождем солдат, управляемыми своим настроением и страстью. Возвращайтесь в свои страны, оставьте своего Короля, возьмите с собой завоеванные победы. Я могу сам принести вам победу, которую вы считаете безнадежной. Или умру достойным образом?!

*(Все что было сказано Александром не смогло затронуть солдат. Потому что они все время жаловались своему начальству о тяготах воинской службы, об усталости от бесконечных войн. Все военноначальники стояли перед Александром с поникшими головами, а взгляды упи-*

*рались под ноги в страхе от Короля. Внезапно раздались голоса недовольства среди солдат. Стали раздаваться странные стоны. После этих голосов возмущения солдаты начали более активно выражать свое недовольство. Некоторые из солдат начали плакать навзрыд и это расчувствовало самого Александра до такой степени, что он не смог удержать свои слезы. В то время, как все присутствующие на собрании плакали и рыдали, Коенус сумел выдвинуться поближе к Александру, сняв свой шлем, он попросил у него слово. Все присутствующие стали поддерживать инициативу Коенуса начать разговор о военном положении армии.)*

**Один из солдат:**
Коенус, скажите о нас, о наших проблемах в армии.

**Коенус:**
Прошу Бога избавить нас от намерения предательства. Мы доверяем нашим солдатам. Ваши солдаты готовы, как и раньше, куда угодно пойти с Вами. На войну... на встречу с опасностью... пролить свою кровь за Короля... поднять высоко Ваше имя... Мы готовы пойти с Вами куда Вы хотите. Пойти на встречу с врагом, опередив Вас.... С оружием или без оружия.... Голые или усталые. Но Вы сможете выслушать слова искренних к Вам солдат?! Вы теперь на краю Света. Вы находитесь сейчас в другом мире. Имейте в виду, что Вы веде-

те хорошо тренированную армию на растерзание хищникам. Послушайте меня! Наше вооружение на исходе, наши раны истекают кровью, у нас нет лошадей.

*(В этот момент усилился солдатский гул).*

**Солдаты:**
Александр - наш Король. Александр - наш Отец. Александр - наш Повелитель.

*(Молчание).*

*(Александр не смог остановить возгласы солдат. Его гнев не утих. Он оказался в растерянности. Александр пригласил свою свиту в палатку.)*

**Александр:**
Только свита следует за мной.

*(Фегиус следует за Александром, далее возвращается обратно и говорит всем.)*

**Фегиус:**
Всем остальным следует уйти и подготовиться для переправы реки.

*(Затишье).*

*(Через минутку Александр вышел из палатки с книгой в руках, сел на ствол дерева и начал читать.*

*Вдруг он заметил Батлимоса, наблюдающего за палаткой):*

**Александр:**
Батлимос! Батлимос, идите сюда!

*(Батлимос подошел к Александру).*

**Батлимос:**
Я заметил свет от лучины в вашей палатке и решил предложить свои услуги.

**Александр:**
Скоро начнется переправа через реку.

*(Батлимос посмотрел на книгу в руках Александра, прочел заглавие).*

**Батлимос:**
Книга об Индии автора Тиссьяс?! Действительно, вы не смогли вытерпеть, не так ли?!

**Александр:**
Нет. Когда оккупируем Индию, мы можем сказать, что вся Азия в наших руках. Тогда вернемся и начнем переделывать Мир, о Батлимос.

**Батлимос:**
Вы думаете, что Мир возможно менять?! Вы думаете, что нам удастся осуществить такой проект?!

**Александр:**
Да, думаю. Помните, когда мы были детьми, нам снились сны надежд и стремлений. Вот те же дети сейчас разбили самую большую империю в мире, а значит две третьих Мира. И построили грече-

ские города, установили греческие законы в центре Азии. Вы думаете все прошедшие и существующие войны бесцельные?!

**Батлимос:**
Нет! Нет! Обязательно должна быть цель в этих войнах.

*(Молчание).*

*(Фегиус ходит и говорит Александру).*

**Фегиус:**
Мой Повелитель! Началась переправа реки! Александр: Уже наступил рассвет?

**Фегиус:**
До рассвета, Мой Повелитель! Александр: Давайте пойдем!

*(Александр вошел в палатку за оружием).*

*(Освещение затухает)*

*(Слышны голоса солдат с военными гимнами, а затем стали слышны грохоты войны).*

**(Затемнение)**

## Третья Сцена

**Место:**
Поле боя.

**Сцена:**
Освещенная сцена. Александр облокачивается о дерево. По его внешнему виду видно, что он только что вышел из боя. В руках он держит железный шлем и щит. Рядом с ним стоят военначальники.

**Александр:**
Сколько времени продолжался бой?

**Один из военначальников:**
Восемь часов. Мы победили Поруса. Порус – это не только главнокомандующий, но и храбрый воин. Я послал ему своего индийского друга Мероссa для заключения мирного договора.

***(Один из военноначальников входит и говорит):***

**Один из военноначальников:**
Порус по дороге к Вам.

*(Александр одевает шлем).*

*(Меросс входит вместе с Порусом. Меросс - это человек высокого роста, широкоплечий, с красивым лицом. На правом плече видны рубцы от ранения.)*

*(Александр начинает говорить Порусу)*

**Александр:**
Каким ты хочешь видеть мое обращение к тебе?

**Порус:**
Обращайтесь ко мне как к принцу.

**Александр:**
Как хотите. У тебя есть еще желание? Порус: Все мои пожелания в первом ответе.

*(Александр обрадовался этим ответом.)*

**Александр:**
Мы вам вернем все оккупированные земли. Оставим вас принцем на вашей земле. Считаем вас нашим другом, только вам надо участвовать в будущих предстоящих боях.

**Порус:**
К вашим услугам.

*(Порус уходит. Александр говорит со своей военной свитой):*

**Александр:**
Нам надо обязательно вернуться в Персию и осесть постоянно в Вавилоне.

**(Затемнение)**

# Третий Акт

## Первая Сцена

**Место:**
Персидское побережье ближе ко входу в Залив.

**Сцена:**
На расстоянии нескольких миль от набережной произошла встреча между Александром и военноначальником Нерхозом, посланным некогда Александром на поиск Индии.

*(На сцену выходят Александр, за ним его солдаты с ликующими лицами.)*

*С другой стороны сцены выходит Нерхоз тоже с радостными моряками. Александр и Нерхоз быстро побежали навстречу друг другу и обнялись. После сцены обнятия они встали удивленно напротив друг другу, не веря в реальность состоявшейся встречи. От волнения Александр и Нерхоз не могли говорить некоторое время.*

*(Неожиданно Александр закатился хохотом, крикнув, оттолкнул Нерхоз от себя).*

**Александр:**
Нерхоз, ты пахнешь как тухлая рыба. (Нерхоз отвечает).

**Нерхоз:**
А ты пахнешь как вспотевшая лошадь.

*(Александр смотрит на прохудевшее лицо морского военноначальника.)*

**Александр:**
Не верю, что вы живы.

**Нерхоз:**
А задача была нелегкой. Иногда мне казалось, что мы не смогли бы довершить дело до конца. На нашем пути было два сильных шторма, но нашей главной проблемой был голод и жажда.

*(Александр и Нерхоз проходят по лагерю. Они выходят со сцены и снова заходят с другой стороны. В это время Батлимос был занят построением солдатских рядов для приветствия Александра и Нерхоз. Во время прохождения Александра и Нерхоз у строя солдат Батлимос воскликнул боевой клич греков.)*

**Батлимос:**
Алалалай, Король Александр!

*(Солдаты поднимают свои пики и кричат громким голосом.)*

**Солдаты:**
Алалалай! Алалалай! Алалалай!

**Батлимос:**
Алалалай! Главнокомандующий флота Нерхоз!

*(Солдаты поднимают свои пики и восклицают громким голосом.)*

**Солдаты:**
Алалалай! Алалалай! Алалалай!

**Нерхоз:**
Мой Повелитель! У нас нет хорошей пищи, кроме того сегодня мало поймано рыбы.

**Александр:**
Ничего! У нас есть сюрприз. Думаю, что завтра получим его.

**Нерхоз:**
Мы голодны и не собираемся ждать до завтра. Если бы ты знал, как мы голодны. Мы уже опустошили несколько деревень вдоль побережья. Знаете ли вы что нам досталось?

**Александр:**
Не знаю. Но думаю... думаю...

**Нерхоз:**
Рыба. Много мешков рыбы. У этих бедняков нет ничего кроме рыбы.

**Один из моряков:**
Господа! Запеченная рыба готова!

*(Александр и главнокомандующий флота направляются к одной стороне сцены в веселом настроении. Вдруг раздался тревожный бой барабанов, объявляющий о наступлении опасности).*

*(Александр закричал.)*

**Александр:**
О Бог Зевс! Кто на этой земле осмелился напасть на меня?!

*(Александр вытащил свой меч и воскликнул.)*

**Александр:**
Всем главнокомандующим по коням!

*(Весь лагерь был охвачен громким боем барабанов. Кони испуганно ржали. В этой суматохе и неразберихе упал забор из пальмовых веток и появилась боевая колесница в окружении солдат).*

*(Молчание)*

*(На сцене после рассеяния пыли появилась боевая колесница в окружении солдат с обнаженными мечами. Из колесницы выходит уставший от дороги человек с запыленным лицом, с разнообразными напитками и продуктами в руках).*

**Водитель боевой колесницы:**
Мы вам принесли вино и много продуктов!

*(Александр, главнокомандующие и солдаты буквально взорвались в истерическом хохоте. Александр и главнокомандующие сели на землю. Нерхоз подошел к ним с картой в руках и раскрыл его перед ними.)*

**Нерхоз:**
Вот эта карта сделана из папируса и на нем мы нарисовали всю нашу экспедицию от Индии до Персидского побережья. Мой Повелитель! Мы сейчас находимся в этом месте.

*(Нерхоз показывает пальцем это место на карте. Александр тоже указывает пальцем это место на карте.)*

**Александр:**
Великолепно! Но что это побережье, имеющее вход в Залив?

*(Александр пытается читать что-то на карте.)*

**Александр:**
А здесь живут рыбные гурманы?!

**Нерхоз:**
Эту запись сделал заместитель главнокомандующего флота.

**Александр:**
А почему такое название?

**Нерхоз:**
Потому что у них вся деятельность связана с ловлей рыбы. Даже их козы пахнут рыбой.

*(Александр спрашивает.)*

**Александр:**
Они арабы?!

**Нерхоз:**
Да, вот это восточная часть Арабского полуострова.

*(Александр говорит Нерхозу.)*

**Александр:**
Эти арабы не послали своего посла к нам, и они не объявили свою принадлежность к нам. Они остались единственными в регионе не подчиненными нам, а все покоренные народы объявили о своей верности и преданности. Поэтому обязательно надо совершить нашествие и оккупировать Арабский полуостров, построить там постоянные поселения. Я поручаю тебе подготовиться к оккупации. Наша встреча будет в Вавилоне.

**(Затемнение)**

## Вторая Сцена

**Место:**
Центр города Вавилона. Набережная Евфрата в Восточной части Багдада. Тихое и спокойное место. Слышен нарастающий шум.

**Сцена:**
До входа Александра на сцену.

*(Жители Вавилона бежали от места появления Александра в противоположную сторону, оглянувшись назад, они начали скандировать.)*

**Жители Вавилона:**
Александр! Александр!

*(Александр выходит на сцену вальяжной походкой, оглядываясь по сторонам, подняв с гордостью свою голову и стал разглядывать строения*

*и стены. За ним шли Нерхоз и группа военноначальников.)*

*(Александр вызывает.)*

**Александр:**
Нерхоз! Нерхоз!

*(Нерхоз подходит к Александру, поклоняется ему в покорности и говорит.)*

**Нерхоз:**
Я здесь, Мой Повелитель!

**Александр:**
Где твой звездочет, который по звездам угадал дату моей смерти в Вавилоне? Вот я здесь в центре города Вавилона. Когда мы совершали переплаву реки Тигр, этот звездочет отвел меня в сторону и попросил меня не входить в этот город. Я спросил его, почему? Он ответил, что моя судьба будет решена в этом городе. А что он тогда подразумевал этим?

**Нерхоз:**
Да! Действительно, Мой Повелитель! Он сообщил мне тогда. Но я не сумел откровенно сказать тебе об этом. Поэтому я предложил ему самому сказать тебе. И жрецы также предупреждали не посещать Вавилон.

*(В этот момент стая ворон с карканьем пролетела на ними).*

**Александр:**
Что это за звуки?

**Нерхоз:**
Это карканье ворон.

*(Одна ворона замертво падает к ногам Александра).*

**Алексанр:**
Что это такое?

**Нерхоз:**
Это мертвая ворона и это плохой предвестник.

*(Александр говорит Нерхозу.)*

**Александр:**
Оставь этот вздор и чепуху. Скажи мне, что ты сделал по моему приказу, когда мы были у входа в Залив?

**Нерхоз:**
Все готово, Мой Повелитель! Разведователи со мной. Когда у Вас будет время, прикажите нам представить перед вами все открытия и планы.

**Александр:**
Ладно, тогда давайте отметим мои победы в Индии здесь, в центре Вавилона. Давайте!

**(Затемнение)**

## Третья Сцена

**Место:**
Центр Вавилона.

**Сцена:**
Праздник побед Александра Великого в присутствии послов Запада. В середине в глубине сцены поставлено большое кресло для Александра Великого.

*(Александр выходит на сцену, вместе с ним Нерхоз и разведователи. Александр подходит к креслу, садится, приветствует Западных послов и говорит.)*

**Александр:**
О послы Запада! Добро пожаловать в Вавилон! Спасибо за ваше участие в этом празднике наших великих побед. Я поручил главнокомандующему флота Нерхозу подготовиться к следующей экс-

педиции. Нерхоз и разведователи объяснят мне и вам о предпринятых мерах подготовки.

*(Александр вызывает.)*

**Александр:**
Нерхоз!

*(Нерхоз подходит, а между тем Александр Великий выпивает вино бокал за бокалом.)*

**Нерхоз:**
Мне поручено приказом Моего Повелителя открыть побережье Арабского полуострова. Я послал корабль из Египта в Красное море для исследования Арабского полуострова, а также три корабля для открытия Арабского побережья в Заливе. Один корабль во главе с Аркясом дошел до островов Икарус и Тайлус. Второй корабль во главе с Андросеник открыл Арабское побережье в регионе после Тайлуса и до входа в Залив. А третий корабль был во главе с Героном. Он вышел из Залива в океан и им было открыто Арабское побережье в регионе напротив океана. Также совершено углубление дна бухты на реке Евфрат, построено более 1000 боевых кораблей и все были причалены в этом порту. Моряки приехали из Финикийского побережья, и они сейчас готовы выполнять приказы Моего Повелителя.

*(Александр спускается со своего кресла, шатаясь после обильного питья вина.)*

**Александр:**
Начиная с завтрашнего дня всех солдат надо разместить на всех кораблях. Корабли должны отплыть по реке Евфрат в Залив для оккупации Арабского полуострова. А знаете ли вы почему?! Потому что арабы не послали нам своих послов, и не объявили нам о своей принадлежности, и остались единственными из всех народов не подчинившимися и не объявили мне свою верность и преданность. Поэтому обязательно надо оккупировать Арабский полуостров и построить там постоянное поселение. Поднимите со мной тост в честь оккупации Арабского полуострова.

*(Шум, гам и хохот. Вдруг раздался сильный стон среди этого шума. Александр застонал.)*

**Александр:**
Ой! Ой! Ой!

*(Все замолчали, Александр сильно скорчился от боли и стонет.)*

**Александр:**
Ой! Ой! Ой!

*(Группа военноначальников устремилась к Александру для оказания помощи. Все присутствующие были в растерянности, а Александр продолжает стонать от боли.)*

**Александр:**
Ой! Ой! Ой! Медленное затемнение сцены и затухание стона от боли Александра.

**Александр:**
Ой! Ой! Ой!

**(Затемнение)**

## Четвертая Сцена

**Место:**
Дворец Нубохазнасра на берегу реки Евфрат.

**Время:**
Июнь 323 год до рождества Христова.

**Сцена:**
В центре сцены кровать, на которой лежит Александр Великий. Рядом с ним стоит Нерхоз.

*(Выходит на сцену один из военноначальников.)*

**Один из военноначальников:**
Как дела у Александра, о Нерхоз?

**Нерхоз:**
Со дня празднования у Александра не спадает температура. Мы были вынуждены отвести его во

дворец Нубохазнасра на берегу реки Евфрат вдали от Вавилона в надежде на улучшение его здоровья. Но все бесполезно. Все предупреждали Александра не входить в Вавилон.

*(Слышен стук в дверь и слышны какие-то голоса.)*

**Голоса:**
Откройте дверь! Мы хотим видеть Александра. Откройте дверь!

*(Двери открываются, входит группа невооруженных военноначальников с поникшими головами). Они поочередно стали обхаживать кровать Александра и так же выходить. (Слышен стон Александра.)*

**Александр:**
Ой! Ой! Ой!

*(Вдруг раздался сильный стон и повторился несколько раз. Внезапно послышался сильный выдох и Александр затих. Одна рука Александра безжизненно упала на пол.)*

*(Нерхоз закричал в растерянности.)*

**Нерхоз:**
Александр Великий умер! Александр Великий умер! Александр Великий умер!

*(Продолжается рыдание Нерхоза.)*

**Нерхоз:**

Александр Великий умер! Александр Великий умер! Александр Великий умер!

*(За кулисами слышно эхо голоса Нерхоза и с этим эхом стали слышны церковные песнопения.)*

**Все присутствующие на сцене:**

Александр Великий умер!

Александр Великий умер!

**(Затемнение)**

## Источники:

1. E.A. Wallis Budge, The life and Exploits of Alexander the Great, London, Cambridge University Press, 1896.

2. Quintus Curtius Rufus, The History of Alexandria, London,Penguin 1984 –(Composed probably in the first century CE).

3. Plutarch, The Age of Alexander, London, Penguin 1973. (Composed first century CE)

4. Arrian, The Campaigns of Alexander, Harmondsworth, Penguin, 1971 - Composed 2nd century CE.

5. A.B.Bosworth, Conquest and Empire, the Reign of Alexander the Great, Cambridge, Cambridge University Press,1988.

6. W.W.Tarn, Alexander the Great, Cambridge, Cambridge University Press, 1948 (2 Volumes).

7. Robin Lane Fox, Alexander the Great, London: Allen Lane,1 973.

8. Peter Hogemann, Alexander der Gross und Arabien Zetemata, Monographien zur Klassischen Altertumswisssenschaft, Heft 82, C. H. Beck, Munich 1985.

9. Alerio Massimo Manfredi, Alexander, The ends of the earth, London, Pan Macmillan Ltd, 2001.

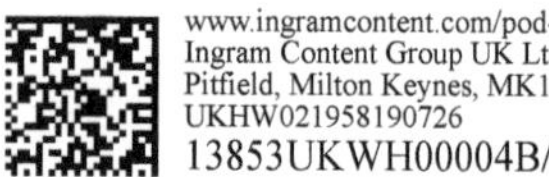

www.ingramcontent.com/pod-product-compliance
Ingram Content Group UK Ltd.
Pitfield, Milton Keynes, MK11 3LW, UK
UKHW021958190726
13853UKWH00004B/1603